AF672315

Inhalt

Luftverkehr - Branche verspürt schärferen Gegenwind

Luftverkehr - Branche verspürt schärferen Gegenwind

I.Zeilhofer-Ficker

Kernthesen

- Die Zahl der von der DFS kontrollierten Flugbewegungen stieg 2011 um drei Prozent auf 3,06 Millionen.
- Mit 198,1 Millionen Passagieren wurde auf Deutschlands Flughäfen ein neuer Rekord erreicht.
- Die Fluggesellschaften weltweit erzielten im vergangenen Jahr einen Gewinn von 7,9 Milliarden Euro, 2012 werden nur noch rund drei Milliarden Euro erwartet.
- Noch schlechter sieht es für die europäischen Airlines aus: Eurokrise, hoher Kerosinpreise und zusätzliche Belastungen

lassen Verluste in Höhe von 1,1 Mrd. Euro befürchten.

- Flughafenerweiterungen und Neubauten werden von großen Bevölkerungsteilen abgelehnt; besonders peinlich sind die Planungs- und Bauprobleme des neuen Flughafens Berlin.

Beitrag

Aktuelle Zahlen

Die DFS kontrollierte im Jahr 2011 mit 3,06 Millionen Flugbewegungen im deutschen Luftraum insgesamt rund drei Prozent mehr als im Vorjahr. Der positive Trend scheint allerdings im laufenden Jahr zum Halt gekommen zu sein - von Januar bis Mai 2012 wurden auf den deutschen Flughäfen rund 3,4 Prozent weniger Starts und Landungen gezählt. Trotzdem steigen die Passagierzahlen. Laut Branchenverband ADV wurden 198 Millionen Fluggäste in 2011 betreut, bis Mai waren es mit 75,8 Millionen immerhin noch 1,8 Prozent mehr als im Vorjahreszeitraum. Diese Zahlen bestätigen den Trend der Fluggesellschaften, auf gut nachgefragten Strecken zunehmend mit größerem Gerät zu fliegen, um die Kosten zu senken. Bemerkenswert ist außerdem, dass sich der innerdeutsche Verkehr weiter negativ entwickelt. Lag der Anteil der innerdeutschen Flüge im Jahr 2001 noch bei 18,3 Prozent, sank dieser 2011 auf einen historischen Tiefstwert von 376 400 Flügen, 12,3 Prozent des gesamten Aufkommens. Damit scheinen immer mehr Reisende dem politischen Willen zu entsprechen, für innerdeutsche Strecken auf Bahn und PKW umzusteigen. (1), [Abb. 1]

Weltweit wurden laut Berechnungen der IATA im Jahr 2011 2,835 Milliarden Passagiere (plus sechs Prozent) befördert, 5 100 Milliarden Kilometer wurden geflogen. Am schnellsten wächst dabei die Region Asien-Pazifik, die bis zum Jahr 2015 schon für 37 Prozent des gesamten Luftverkehrsmarktes stehen soll. Für 2012 lauten die Prognosen auf ein weiteres Wachstum um rund vier Prozent auf etwa 2,95 Milliarden Fluggäste. Die Fluggesellschaften setzten im vergangenen Jahr 598 Milliarden US-Dollar um, konnten dabei aber nur einen operativen Gewinn von 2,7 Prozent erzielen. An Netto-Gewinnen wurden 7,9 Milliarden US-Dollar erreicht, nach 15,8 Milliarden Dollar im Jahr 2010. (2), (3)

Für das laufende Jahr sind die Prognosen bei steigenden Umsätzen und höheren Passagierzahlen allerdings schlechter. Die IATA erwartet, dass die Airlines bei Umsätzen von 631 Milliarden Dollar insgesamt nur noch auf Netto-Gewinne von 3,0

Milliarden US-Dollar kommen werden. Der Löwenanteil dürfte den Fluggesellschaften im Raum Asien-Pazifik zufallen und auch Nord- und Lateinamerika werden positive Ergebnisse zugetraut. Mit hohen Verlusten rechnet man aber für den europäischen Raum. Die Auswirkungen der Schuldenkrise in Europa in Kombination mit Kerosinpreisen um die 110 Dollar pro Fass werden in Verlusten von insgesamt 1,1 Milliarden Euro resultieren. Negativ wirken sich außerdem die finanzielle Belastung durch die Einbeziehung der Fluggesellschaften in den Emissionshandel in Europa aus. In Deutschland wirkt außerdem die 2011 eingeführte Luftverkehrssteuer negativ. (2), (3), (4)

Sicher wie nie zuvor

2011 erwies sich als das sicherste Jahr in der Geschichte der Luftfahrt. Nur 515 Menschen (Quelle: Ascend Consulting) starben durch Unfälle mit Passagierflugzeugen, obwohl sich die Zahl der Vorfälle von 26 in 2010 auf 37 in 2011 erhöht hat. Hauptsächlich verunglückten also kleine Regionaljets, die beiden schlimmsten Unfälle im Kongo und dem Iran mit jeweils 77 Opfern passierten mit Flugzeugen, die bereits 36 beziehungsweise 46 Jahre alt waren. Modernes Fluggerät von Airbus und Boeing blieben 2011 von Unglücken verschont und auch die großen, etablierten Fluggesellschaften hatten keine Verluste. Die Unfallrate von Flugzeugen westlicher Hersteller sank somit auf 0,37 pro einer Million Flüge und selbst anfälligere Flugzeugtypen (beispielsweise Turboprops) kommen auf eine Rate von nur 2,4 Unfälle pro Million Flüge. (5), (6)

Diese erstaunliche Erfolgsgeschichte ist das Ergebnis von harter Arbeit der Fluggesellschaften sowie Sicherheitsbehörden. Das Sicherheits-Auditierungssystem der Fluggesellschaften (IOSA) hat sich ebenso bewährt wie eine exzellente Ausbildung sowie regelmäßige Trainings des Flugpersonals. Am besten schnitten die Regionen Nordasien, USA und Europa ab. Auch in Afrika zeichnen sich großartige Verbesserungen um 73 Prozent zum Vorjahr ab. Einzig Russland macht Sorgen - hier kamen bei sechs Unfällen alleine 118 Menschen ums Leben. Es mangelt sowohl an der Ausbildung, als auch an behördlicher Kontrolle. (5), (6)

Luftverkehrssteuer kostet zwei bis fünf Millionen Passagiere

Über 900 Millionen Euro hat der Bundesfinanzminister 2011 durch die Luftverkehrssteuer eingenommen, 2012 sollen es 960

Millionen werden. Das dürfte der Hauptgrund dafür sein, dass das Ministerium die Abschaffung kategorisch ablehnt. Dabei zeigt eine Studie der Intraplan Consult GmbH, dass zwischen zwei und fünf Millionen Passagiere jährlich durch die Steuer verloren gehen. Viele potenzielle Flugpassagiere verzichten wohl ganz auf eine Reise oder sie weichen auf einen anderen Verkehrsträger aus. Abflughäfen im Ausland profitierten ebenso. (4)

Fluggesellschaften

Neben den Marktführern Lufthansa und Air Berlin sind in Deutschland insgesamt 18 Fluggesellschaften im Linien- und Charterverkehr registriert. Viele sind untereinander in Konzernverbünden und über Leasingverträge verflochten. [Abb. 2]

Den deutschen Fluglinien drücken derzeit Ölpreise, Steuern und Gebühren ordentlich auf die Gewinne. Darüber hinaus leiden sie, wie auch viele andere europäische Airlines, unter der Schuldenkrise in der Region und dem daraus resultierenden unsicheren wirtschaftlichen Ausblick. Die ungarische Malev sowie die spanische Spanair mussten im Frühjahr dieses Jahres den Flugbetrieb einstellen und Insolvenz anmelden. Air France/KLM und Air Berlin meldeten Rekordverluste für das Jahr 2011 und sogar die Lufthansa rutschte kürzlich in die roten Zahlen. Die

Billigflieger dagegen machen nach wie vor gute Gewinne. Allerdings ist der Billigflug-Anteil in Deutschland ins Stocken geraten. Denn obwohl Lufthansa und Air Berlin wesentlich höhere Kosten haben als Ryanair und Easyjet, geben Sie den Kampf um die kurzen Strecken noch nicht auf. (2), (8), (9)

Während und nach den Wirtschaftskrisenjahren haben vor allem die amerikanischen Fluggesellschaften ihre Hausaufgaben gemacht und fliegen nun nach einem schmerzhaften Konsolidierungsprozess wieder Gewinne ein. Die drei Marktführer US-Airways/American, Delta/Northwest und United/Continental teilen den amerikanischen Markt unter sich auf und haben Kosten gesenkt und unprofitable Strecken rigoros gestrichen. Schlagzeilen machte im Mai 2012 die Nachricht, dass Delta Airlines eine Raffinerie nahe Philadelphia gekauft hat, um durch eigene Kerosinproduktion zu günstigeren Treibstoffkosten zu kommen. Da Kerosinkosten für rund ein Drittel der Gesamtkosten einer Fluggesellschaft stehen, könnten sich hierdurch hohe Einsparpotenziale erschließen. Andere Airlines werden genau beobachten, ob sich das Delta-Modell als erfolgreich erweist. (7)

Flughäfen

Die Passagierzahlen an den großen (Drehkreuz-)

Flughäfen Deutschlands wachsen weiter, während es für kleine Regionalflughäfen immer schwieriger wird zu überleben. Vor allem die Airports, die stark auf den Billigflug gesetzt hatten, verloren einen beträchtlichen Anteil ihrer Passagiere mit Einführung der Luftverkehrssteuer. Dadurch rutschen sie immer stärker in die roten Zahlen und kämpfen ums Überleben. [Abb. 1]

Frankfurt

Mit Inbetriebnahme der vierten Startbahn im Oktober 2011 wurde die Kapazität in Frankfurt zwar beträchtlich erhöht, gleichzeitig trat aber ein strenges Nachtflugverbot zwischen 23 Uhr und 5 Uhr in Kraft, das vom Bundesverwaltungsgericht bestätigt wurde. Trotzdem nehmen die Demonstrationen gegen Fluglärm und den weiteren Ausbau des Flughafens kein Ende. Bürgerinitiativen fordern eine Schließung der Nordwest-Landebahn, ein Nachtflugverbot zwischen 22 und 6 Uhr ohne jegliche Ausnahmen sowie eine Begrenzung der jährlichen Flugbewegungen auf 380 000 im Jahr. Schon jetzt wird in Frankfurt rund 480 000 Mal gestartet und gelandet, bis 2020 sollen gar über 700 000 Flugbewegungen möglich sein. Der Interessenkonflikt ist offensichtlich. (14)

Andererseits stellt ein Nachtflugverbot ohne Ausnahmen für Fluggesellschaften und Passagiere nicht nur eine große finanzielle Belastung dar. Wenn, wie kürzlich geschehen, 290 Passagiere am Flughafen übernachten müssen, nur weil durch einen Notarzteinsatz an einem Passagier das Flugzeug erst 15 Minuten nach 23 Uhr hätte starten können, ist das schwer verständlich. Auch durch Wetterbedingungen wie Gewitter kommt es immer wieder zum Grounding von vielen Passagieren. (18)

München

Der Flughafenausbau in München wurde durch ein Referendum im Juni gestoppt. Auch hier mobilisierten Ausbaugegner in großem Stil die Bevölkerung, damit eine dritte Start- und Landebahn verhindert wird. Die Lärmbelastung ist hier ebenfalls Hauptgrund für die Ablehnung. (14)

Wie es in München nun weitergehen wird, ist noch offen. Die Stadtpolitiker versichern, sich an die Entscheidung der Bürger halten zu wollen und den Ausbau abzulehnen. Die Landesfürsten der CSU dagegen halten das Bürgervotum für nicht relevant, da ausschließlich die Einwohner der Stadt München hatten abstimmen können. Möglicherweise wird der Ausbau erst einmal einige Jahre verschoben und später wieder neu in Angriff genommen.

Berlin

Wie ein Schildbürgerstreich wirkte die Verschiebung der Eröffnung des neuen Hauptstadtflughafens Berlin Brandenburg International nur drei Wochen vor dem geplanten Termin im Juni. Erst kurzfristig war festgestellt worden, dass die Brandschutzanlage absolut nicht funktionstüchtig war. Weitere Tests im August sollen zeigen, ob der neu angesetzte Eröffnungstermin im März 2013 eingehalten werden kann. Völlig offen ist, wie die zusätzlichen Kosten von mindestens 586 Millionen Euro gedeckt werden sollen. Die finanzielle Misere verstärkt sich durch zudem anfallende Kosten für Schallschutzmaßnahmen bei den Einwohnern von mindesten 591 Millionen Euro, die nicht eingeplant waren. (15)

Zur Misere mit Bauplanung und Bauabwicklung gesellt sich eine schärfer werdende Protestbewegung, die auch für Berlin ein striktes Nachtflugverbot fordert, obwohl noch gar kein Flugzeug von BER abgeflogen ist. (14)

Trends

Die gesamte Branche bemüht sich - sehr erfolgreich - den Luftverkehr umweltverträglicher zu gestalten. Im Laufe der vergangenen 40 Jahre wurde der durchschnittliche Lärmpegel eines Flugzeugs um rund zwanzig Dezibel verringert. Bis zum Jahr 2020 will man weitere zehn Dezibel einsparen. Ein absolut lautloses Flugzeug wird es in absehbarer Zeit aber nicht geben. Auch der Kerosinverbrauch und damit die CO2-Emissionen wurden merklich reduziert. Die Entwicklung von neuen, Treibstoff sparenden Motoren hat weiterhin höchste Priorität und jede neue Flugzeuggeneration ist effizienter und leichter als die vorhergehende. Zudem wird an der Nutzung von alternativen Antrieben geforscht, Biotreibstoff im Regelbetrieb getestet. (17)

Experten gehen davon aus, dass der Flugverkehr bis 2030 pro Jahr um etwa fünf Prozent zunehmen wird. Ein Großteil dieses Wachstums wird in den aufstrebenden Ländern in Asien, Afrika und Südamerika stattfinden. Will Deutschland als Exportland an dieser Entwicklung teilhaben, muss auch eine entsprechende Fluganbindung vorgehalten werden. Die erforderlichen Entscheidungen dafür müssen bald getroffen werden. Die momentane wirtschaftliche Schieflage in Europa verschärft ein weiteres Problem. Viele Regionalflughäfen in Deutschland arbeiten defizitär und müssten ohne finanzielle Unterstützung von Bund, Ländern und Gemeinden schnell schließen. Wie lange sich Deutschland seine Millionengräber in Zeiten klammer Haushaltsmittel noch leisten kann, wird sich zeigen. [Abb. 1]

Fallbeispiele

Lufthansa

Der Lufthansa-Konzern, schaffte im vergangenen Jahr einen operativen Gewinn von 820 Millionen Euro. Das Konzernergebnis fiel allerdings mit 13 Millionen Euro negativ aus, vor allem die Abwicklungskosten der mittlerweile verkauften British Midlands schlugen hier zu Buche. Obwohl der Umsatz im ersten Quartal 2012 um sechs Prozent auf 6,6 Milliarden Euro verbessert wurde, melden die Lufthanseaten einen Verlust von 381 Millionen Euro, mehr als das Doppelte des Vorjahreszeitraums (minus 169 Millionen Euro). Der hohe Kerosinpreis verursachte alleine eine Kostensteigerung um 304 Millionen Euro. Ein umfangreiches Sparprogramm soll bis 2014 1,5 Milliarden Euro zusätzlichen Gewinn bringen. 3 500 Stellen in den diversen Verwaltungsabteilungen sollen zu diesem Zweck wegfallen, sogar Entlassungen sind nicht ausgeschlossen. Strecken sollen gestrichen werden, Germanwings mit Lufthansa Direct Services zusammengelegt werden. Gerüchte sagen, eine neue Billigfluggesellschaft Direct4U sei geplant. Für 2012 wird ein Gewinn im mittleren dreistelligen Millionenbereich erwartet. (10)

Beim Vertrieb hat sich Lufthansa allerdings wieder äußerst unbeliebt gemacht. Umwarben die Lufthanseaten zu Jahresanfang die Reisebüros noch mit Aussagen, man wolle sich mehr um das touristische Geschäft bemühen, folgte im Juni die Streichung der Service-Gebühr auf der Lufthansa-Internetseite. Air Berlin zog wenige Wochen später nach. Damit haben die Reisebüros keine Möglichkeit mehr, Flugtickets zum gleichen Preis wie die Fluggesellschaften zu verkaufen, wollen sie nicht umsonst arbeiten. (11)

Die Deutsche Lufthansa hat ein milliardenschweres Sparprogramm ausgerufen. Gespart wird an externen Beratern und Dienstreisen und in verschiedenen Bereichen werden Stellen abgebaut. Bei der verlustbringenden Austrian wird der Sparkurs von den Mitarbeitern blockiert. Eine Reorganisation soll helfen. Die ebenfalls defizitäre Germanwings will man über eine bessere Einbindung in das Lufthansa-Streckennetz endlich aus den roten Zahlen bringen. Trotz des Sparzwangs hält man an 99-Euro-Tickets für ausgewählte Europa-Flüge fest. Damit will Lufthansa im Europa-Geschäft im Wettbewerb mit den Billigfluglinien weiter mitspielen. (8)

Air Berlin

Air Berlin, als zweitgrößte deutsche Fluggesellschaft direkter Konkurrent von Lufthansa, schreibt weiter rote Zahlen. Das Geschäftsjahr 2011 wurde mit einem Rekordverlust von 272 Millionen Euro abgeschlossen. Zwei wichtige Schritte sollen Air Berlin helfen: Ende

2011 hat Etihad Airlines aus Abu Dhabi 30 Prozent der Air Berlin Anteile übernommen und damit frisches Geld in die Kassen gebracht und im März wurde Air Berlin offiziell in die Oneworld-Allianz aufgenommen, wodurch die Fluggesellschaft nun Zugang zu einem wesentlich erweiterten Streckennetz hat. Das Sanierungsprogramm Shape and Size scheint auch langsam zu greifen. Mit einem Verlust von 144 Millionen Euro im ersten Quartal verbesserte sich das Ergebnis immerhin um 21 Prozent zum Vorjahreszeitraum. Der Umsatz wurde um vier Prozent auf 812 Millionen Euro gesteigert. (8), (12)

Zusätzlich gibt es seit Juni 2012 bei Air Berlin auf ausgewählten Strecken einen wirklichen Billigtarif. Bei Just-Fly-Preisen von ab 78 Preisen hin und zurück muss für Gepäck und Check-in am Schalter extra bezahlt werden. (13)

Air Berlin sieht sich bereits auf dem richtigen Weg. Die engere Zusammenarbeit mit den Partnern der Oneworld-Allianz British Airways und American Airlines sowie dem neuen Miteigentümer Etihad scheint bereits Früchte zu tragen. Weitere Streichungen von defizitären Strecken, ein wirklicher Billigflugtarif sowie die Weiterführung des Effizienzprogramms Shape and Size helfen ebenfalls. (8), (13)

Zahlen & Fakten

Abbildung 1: Passagieraufkommen 2010 bis 2012 in Millionen

Flughafen	2010	2011	Jan-Mai 2012	Veränderung in Prozent
Frankfurt	53,0	56,3	22,0	2,8
München	34,7	37,6	15,0	3,6
Düsseldorf	19,0	20,3	7,8	4,0
Berlin Tegel	15,0	16,9	6,8	5,7
Hamburg	13,0	13,5	5,3	2,9
Köln/Bonn	9,8	9,6	3,3	-3,7
Stuttgart	9,2	9,5	3,5	5,6
Berlin Schönefeld	7,3	7,1	2,8	2,2
Hannover	5,1	5,3	1,9	-2,0
Nürnberg	4,1	3,9	1,4	-11,0
Hahn	3,5	2,8	0,9	-13,6
Bremen	2,7	2,5	0,9	-6,8
Weeze	2,9	2,4	0,7	-24,9
Dresden	1,8	1,9	0,7	1,0
Leipzig/Halle	2,3	1,8	0,7	12,8

Quelle: ADV entnommen aus: ADV-Monatsstatistik (21)

Abbildung 2: Ranking deutscher Airlines

Fluggesellschaft	**Flugzeuge**	**Kommentar**
Lufthansa	299	
Air Berlin	145	zusätzl. 14 TUIFly u. 6 Germania-Jets
Lufthansa City Line	78	als Lufthansa Regional
TUIFLY	40	zuätzlich 14 TUIFly-Jets in AB Farben
Condor	35	
Germanwings	32	
Eurowings	27	fliegt für Lufthansa-Verbund
Augsburg Airways	17	fliegt für Lufthansa-Verbund
Germania	15	
LG Walter	10	fliegt für Air Berlin
Contact Air	8	fliegt für Lufthansa-Verbund
Sun Express Deutschland	7	
OLT Express	6	
XL Airways	5	
Hamburg Airways	4	
Avanti Air	2	
Flynext	2	
German Sky Airways	2	

Quelle: Unternehmensangaben, CH-Aviation entnommen aus: O.V. Mehr Airlines als Marken, fvw international Nr. 13 vom 22.06.2012, S. 57, (20)

Weiterführende Literatur

(1) Flugverkehr steigt um 3 Prozent - Deutsche Flugsicherung veröffentlicht Mobilitätsbericht 2011
aus Hochheimer Zeitung vom 13.04.2012

(2) Europa ist das große Sorgenkind der Zivilluftfahrt
aus Frankfurter Allgemeine Zeitung, 12.06.2012, Nr. 134, S. 13

(3) IATA-Prognose: Yield nach unten, Kosten nach oben
aus Tourismuswirtschaft Austria & International Nr.2101/2012 vom 20.04.2012, Seite AIR air, rail, road, sea"T.A.I." Nr. 2101/2012 vom 20.04.2012 Seite: 3

(4) Bericht über die Auswirkungen der Einführung des Luftverkehrsteuergesetzes auf den Luftverkehrssektor und die Entwicklung der Steuereinnahmen aus der Luftverkehrsteuer
aus Polit-X vom 03.07.2012

(5) Auf gutem Kurs
aus Süddeutsche Zeitung, 09.01.2012, Ausgabe

München, Bayern, Deutschland, S. 29

(6) Fliegen wird weltweit immer sicherer
aus Welt online vom 12.06.2012

(7) Überflieger aus dem Nahen Osten
aus manager-magazin.de vom 08.05.2012

(8) Geteilter Himmel
aus Focus, 26.03.2012; Ausgabe: 13; Seite: 162-163

(9) Europas Weg zum Billigflug
aus fvw Nr. 11 vom 25.05.2012 Seite 018

(10) Deutsche Lufthansa-Aktie: Höherer operativer Verlust im Auftaktquartal
aus fvw Nr. 11 vom 25.05.2012 Seite 018

(11) Sie unterbieten Lufthansa doch!
aus fvw Nr. 13 vom 22.06.2012 Seite 024

(12) Störungen im Flugplan
aus Süddeutsche Zeitung, 16.05.2012, Ausgabe Bayern, Deutschland, S. 23

(13) Air Berlin macht's billig
aus fvw Nr. 11 vom 25.05.2012 Seite 030

(14) Der unendliche Krach um den Fluglärm
aus Handelsblatt online vom 15.06.2012

(15) Der Termin wackelt wieder
aus Süddeutsche Zeitung, 23.06.2012, Ausgabe München, S. 25

(16) Luftfahrt tut not
aus Süddeutsche Zeitung, 20.06.2012, Ausgabe München, Bayern, Deutschland, S. 2

(17) Grüner fliegen
aus Zeit Wissen vom 14.02.2012, Nr. 2, S. 92

(18) Für Anrainer eine Farce, für Airlines völlig überzogen
aus Zeit Wissen vom 14.02.2012, Nr. 2, S. 92

(19) Reibungsloser Start
aus Verkehrs Rundschau, Heft 03/2012, S. 20

(20) Mehr Airlines als Marken
aus fvw Nr. 13 vom 22.06.2012 Seite 057

(21) ADV-Monatsstatistik 05/2012
aus fvw Nr. 13 vom 22.06.2012 Seite 057

Impressum

Luftverkehr - Branche verspürt schärferen Gegenwind

Bibliografische Information der deutschen Nationalbibliothek

Die Deutsche Nationalbibliothek verzeichnet diese Publikation in der deutschen Nationalbibliografie; detaillierte bibliografische Daten sind im Internet über http://dnb.d-nb.de abrufbar.

ISBN: 978-3-7379-3000-0

© 2015 GBI-Genios Deutsche Wirtschaftsdatenbank GmbH, Freischützstraße 96, 81927 München, www.genios.de

Alle Rechte vorbehalten. Dieses Werk ist einschließlich aller seiner Teile – z.B. Texte, Tabellen und Grafiken - urheberrechtlich geschützt. Jede Verwertung außerhalb der Grenzen des Urheberrechtsgesetzes bedarf der vorherigen Zustimmung des Verlags. Dies gilt insbesondere auch für auszugsweise Nachdrucke, fotomechanische Vervielfältigungen (Fotokopie/Mikroskopie), Übersetzungen, Auswertungen durch Datenbanken oder ähnliche Einrichtungen und die Einspeicherung und Verarbeitung in elektronischen Systemen.